知ろう!
減らそう!

食品
ロス

1

食品ロスって
なんだろう?

小峰書店

もくじ

あと3か月は
大じょうぶね

この本を読むみなさんへ

監修　小林富雄

　私たちは、日々食べ物を食べて生きています。人間は食べなくては生きていけませんから、食べ物は、人間にとって最も大切なものと言えるでしょう。

　食べ物には、魚介類のように自然からもたらされるもの、野菜やくだもののように人が栽培しているもの、食肉のように人が飼育した家畜から得るものがあります。さらに、さまざまな食材をもとに加工された食べ物や、調理された食べ物もあります。

　日本だけでなく、世界中で毎日毎日、大量の食べ物が生産され、消費されています。その一方で、まだ食べられるものを捨ててしまう「食品ロス」が問題になっています。「ロス」は、「失う、むだにする、損失」という意味ですから、「食品ロス」は、むだになってしまう食べ物のことです。

　日本では、国内で生産される食べ物と、海外から輸入される食べ物の4分の1近くが「食品ロス」になっているという調査があります。また、ほかの国でも「食品ロス」が大きな問題になっています。とても悲しいことだと思いませんか。

　「知ろう！減らそう！食品ロス」のシリーズでは、このような「食品ロス」がいったいどれくらいあるのか、どうして「食品ロス」が生まれるのか、「食品ロス」をなくすにはどうしたらよいのかなどについて考えていきます。

　調べていくうちに、「食品ロス」は、ただもったいないというだけでなく、地球環境や資源の問題とも関係していることがわかってきます。また、食べ物に関する会社や工場、スーパーマーケットやコンビニエンスストアなどの小売店もかかわっていることに気がつくでしょう。それだけに、「食品ロス」は解決することが難しい問題であることもわかってくると思います。

　なによりもみなさんに気づいてほしいのは、「食品ロス」が、私たち一人ひとりに関係しているということです。「食品ロス」について考えることは、私たちがどう暮らしていくかを考えることでもあるのです。

　「食品ロス」を通して、よりよく生きるためにはどうすべきかを考えられるようになってもらえれば幸いです。

「食品ロス」って
なんだろう？

みなさんは、新聞やテレビのニュースなどで、「食品ロス」という言葉を見たり聞いたりしたことはありませんか。

「食品ロス」は、世界中で大きな問題になっています。「食品ロス」とはどんな問題なのか、みんなで考えていきましょう。

私たちといっしょに考えましょう。

食べられるのに捨てられるのが食品ロス

つくりすぎや、好ききらいのために食べ残したもの

おなか
いっぱい♡

見本として使われる料理

本日の
ランチ

店で売れ残ったもの

いろいろなところ
で、食べ物が
捨てられている。

表示のミスなどで売れなくなったもの

あっ…

賞味期限 20021年

スナック

「食べられるのに、捨てられている食品」を、食品ロスといいます。家庭やレストランなどで、つくりすぎたり、食べ残したりした料理や、スーパーマーケットやコンビニエンスストアなどで売れ残った食品、食品をつくる会社の製造中のミスのために形がくずれた食品、パンの耳のように加工中に余った部分などが、捨てられています。

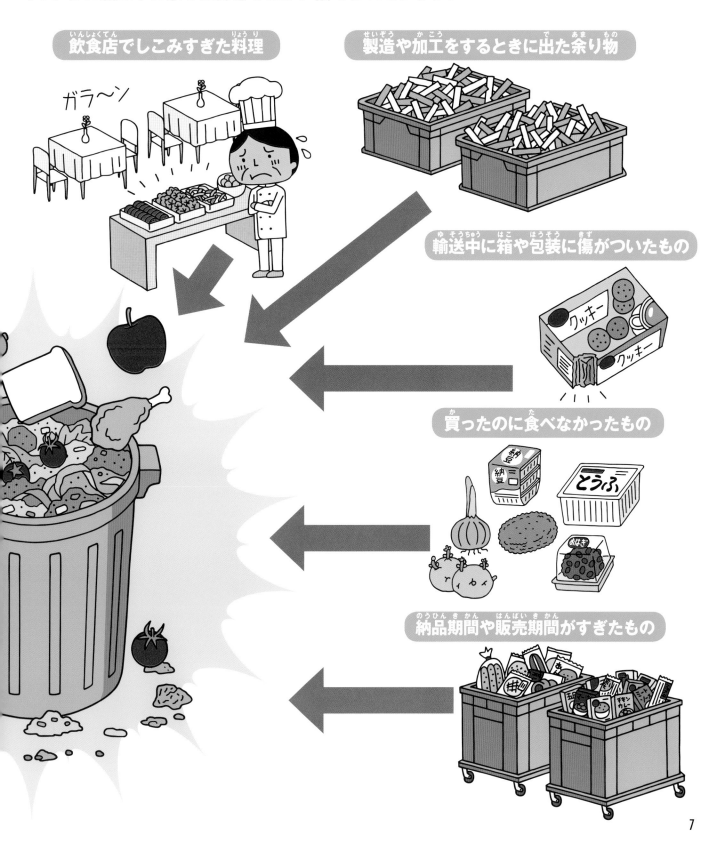

飲食店でしこみすぎた料理

製造や加工をするときに出た余り物

輸送中に箱や包装に傷がついたもの

買ったのに食べなかったもの

納品期間や販売期間がすぎたもの

7

日本の食品ロスは1年で643万トン

日本国内で1年間に出る
食品ロス

約643万トン

こんなに多いなんて、びっくり！

1けんあたりの食品ロスは

1年間の日本の食品ロスは、国民1人あたり約51kgの計算になります。4人家族の場合では、1年間で約200kgもの食品ロスを出していることになります。

約200kg
（4人家族で計算）

日本で2016年の1年間に出た食品ロスは、約643万トンと考えられています。陸上動物で最大のアフリカゾウの体重は約6トンなので、100万頭分以上にあたります。それほど多くの食べ物が捨てられているのです。

アフリカゾウ（約6トン）と比べると…

100万頭分以上

10歳の平均体重（男女とも）

1年間の食品ロスが、子ども何人分になるか、計算してみよう。（約1億9000万人分）

1人
34kg

お金で考えると…

1つの家庭から1年間に出る食品ロスを、お金で考えると約6万円になります。また、食品を捨てるのに約5000円の費用がかかります。1年間で約6万5000円をむだにしていることになるのです。

約6万5000円

食品ロスはどこから出るの？

日本で生産される食料
海外から輸入される食料
合計

約8088万トン

そのまま出回る食料と
加工される食料がある。

食品をつくる会社

飲食店

食品を売る店

家庭

捨てられる食料

捨てられる食料

会社や店からも、家庭
からも出るんだね。

日本の食料には、国内で生産される分と海外から輸入される分があります。食品ロスは、食品をつくる会社や飲食店、食品を売る店から、また家庭からも出ています。家庭から出る食品ロスは約291万トン。食品ロス全体の約45％をしめています。

日本で1年間に捨てられている食料

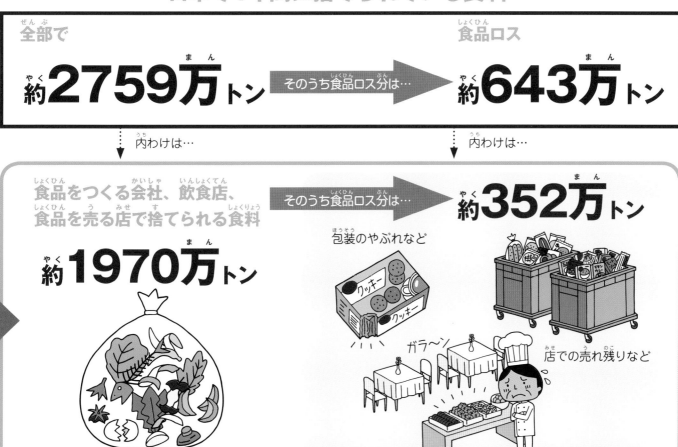

全部で
約2759万トン　そのうち食品ロス分は…→　**食品ロス**　約643万トン

内わけは…　　　　　　　　　内わけは…

食品をつくる会社、飲食店、食品を売る店で捨てられる食料
約1970万トン

そのうち食品ロス分は…→ 約352万トン

包装のやぶれなど
クッキー
店での売れ残りなど
ガラ〜ン
つくりすぎなど

もともと食べられない分＋食品ロス

家庭で捨てられる食料
約789万トン

そのうち食品ロス分は…→ 約291万トン
（食品ロス全体の約45％）

食べられる部分を取り除きすぎる
食べ残し
とうふ
ヨーグルト
そのまま捨ててしまう

もともと食べられない分＋食品ロス

食品ロスは
なぜいけないの？

日本で起こる問題 ●●●●●●●●●●●●●●

食費がむだになる

　1けんの家で使うお金（家計）のうち、食料に使うお金は、全体の約4分の1の割合をしめています。食品ロスを出すということは、買わなくてもよいものにお金を使ってしまったことになります。

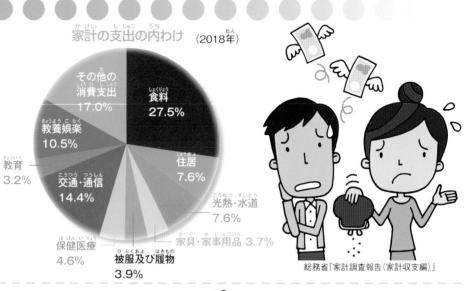

家計の支出の内わけ　（2018年）

- その他の消費支出 17.0%
- 食料 27.5%
- 教養娯楽 10.5%
- 教育 3.2%
- 住居 7.6%
- 交通・通信 14.4%
- 光熱・水道 7.6%
- 家具・家事用品 3.7%
- 保健医療 4.6%
- 被服及び履物 3.9%

総務省「家計調査報告（家計収支編）」

処分にお金がかかる

　食品をつくる会社などが、食品ロスを処分するときに、費用や手間がかかります。その費用や手間は会社の負担になり、その分、商品や料理の値段に上乗せされることになります。

ゴミ収集車

ごみ処理に税金が使われる

　家や店からごみとして出された食品は、市区町村などの地方公共団体が処理しなければなりません。ごみ処理場や作業員のための費用は、国民が納める税金でまかなわれています。
　日本では1年間に約2兆円もの費用がごみ処理に使われています。

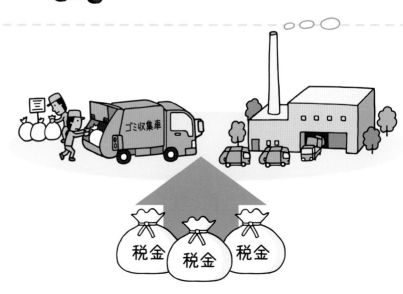

ゴミ収集車

税金　税金　税金

食べられる部分を捨ててしまう食品ロスによって、多くの問題が発生します。くらしにかかわるお金の問題から、地球環境にかかわる問題まで、いったいどんな問題が起こるのか、見ていきましょう。

世界に起こる問題 ●●●●●●●●●●●●●●●●●●●●●●●

食料資源がむだになる

　食料は、農業や水産業、工業で生産された貴重な資源です。食品をむだにすることは、大切な資源をごみとして捨てていることになります。

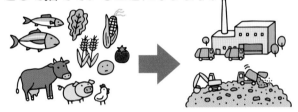

土地や水がむだになる

　食料を生産するには、土地や水が必要です。食品を捨ててしまうことは、土地や水をむだにしていることになります。

エネルギーがむだになる

　食料を生産したり、運んだりするときには、石油や電気など、たくさんのエネルギーが使われています。食品ロスによって、エネルギーをむだにしているのです。

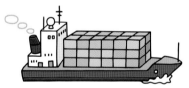

食料不足になる

　食料が必要な地域や人々に行きわたらずに、飢えに苦しむ人々が出ることになります。

グ～

自然を破壊する

　食料を生産するために、森林が伐採されるなど、自然が破壊されてしまいます。

地球温暖化が進む

　食料生産やごみ処理にエネルギーを多く使うと、地球温暖化が進みます。また、ごみをうめ立てると、メタンという気体が発生し、これもまた地球温暖化の原因になります。

メタン

大変な問題がこんなにあるなんて…。

13

食品ロスは海外でも大きな問題に

食料の3分の1が捨てられる

世界で生産される食料は年間約40億トンですが、このうちの3分の1に近い約13億トンが捨てられています。生産される場所、加工される場所、食べられる場所など、さまざまな場面で食料が捨てられています。

この中には、食べられない部分もふくまれているので、全部が食品ロスではありませんが、かなりの量の食品ロスが出ていると考えられています。

約3分の1がごみに

土地も水もエネルギーもむだに

捨てられる食品を生産するために必要な土地は、

約140億ヘクタール

日本の面積の37倍もの土地がむだにされています。

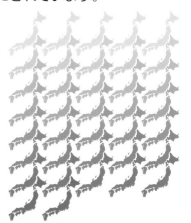

捨てられる食品を生産するために必要な水は、

約250km³

日本一大きな湖、琵琶湖の水の量の9倍にあたります。

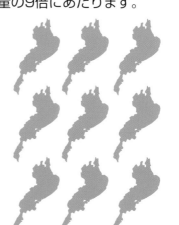

食品が捨てられることによる損失は、

約107兆円

日本が国全体で1年間に使うお金、約100兆円を上回ります。

食品ロスは、日本だけでなく、世界でも大きな問題になっています。世界全体で捨てられる食料は約13億トン。実に、生産される食料の約3分の1が捨てられていることになります。そのうち、食品ロスの割合は高いと考えられます。

世界の食品ロスの主な原因

先進国と開発途上国では、食品ロスの原因にちがいがあります。

日本やアメリカなどの先進国

店に必要以上にたくさんの食品を置く。

ぎっしり

つい買いすぎたり、注文しすぎたりしてしまう。

食品に高い品質を求め、少しでも問題があると捨てることがある。

シャキーン

自分にも思いあたることがあるなあ。

国によっても原因がちがうんだね。

アフリカなどの開発途上国

計画的な生産が難しく、つくりすぎてしまうことがある。

食料を加工する施設が少なく、加工する前に傷んでしまう。

冷蔵などの技術が進んでいないため、くさらせてしまう。

道路の整備がじゅうぶんでなく、傷つきやすい。

ガタゴト

世界で8億人が飢えている！

世界の栄養不足

下の地図（ハンガーマップ）は、国ごとの飢えの状況を5段階で表しています。世界人口77億人のうち、9人に1人が栄養不足です。

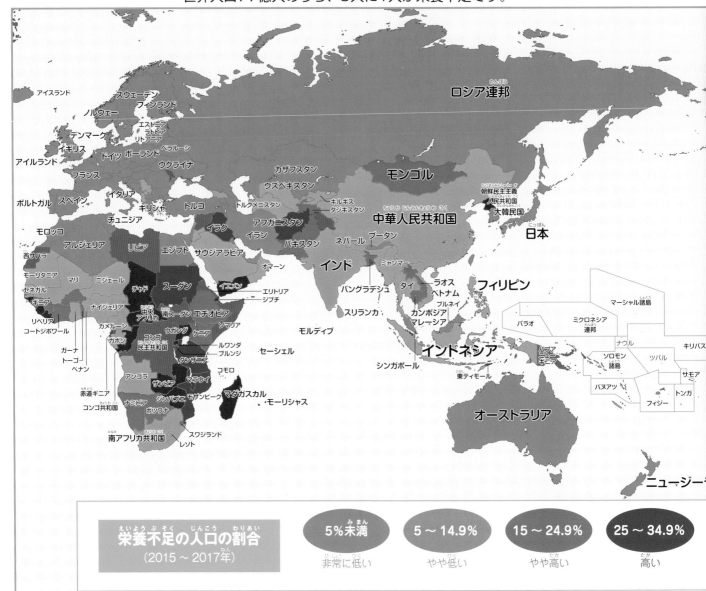

栄養不足の人口の割合
（2015 ～ 2017年）

5%未満	5 ～ 14.9%	15 ～ 24.9%	25 ～ 34.9%
非常に低い	やや低い	やや高い	高い

WFP資料より作成

赤い色の国はアフリカに多いね。

食品ロスがなければ食料不足はなくなる？

世界でむだにされている食料のうち、4分の1を食料不足の地域に回すことができれば、世界中の人々がじゅうぶんな栄養をとれると言われています。

16

世界中で多くの食料が捨てられる一方で、飢えに苦しむ人々もたくさんいます。世界で約8億2100万人、全人口の9人に1人が食べ物が満足になく、栄養不足だと言われています。

赤い色は、人口の35%以上が栄養不足の国です。

35%以上
非常に高い

データなし
またはデータ不足

飢えるアジア、アフリカ

食料不足に苦しむ人々が多いのは、アジアとアフリカです。栄養が不足している人が多くくらす地域はかたよっています。

地域別に見た栄養不足人口の割合
2014-16年（暫定推定値）

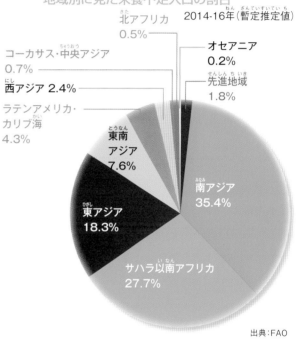

北アフリカ 0.5%
コーカサス・中央アジア 0.7%
西アジア 2.4%
ラテンアメリカ・カリブ海 4.3%
オセアニア 0.2%
先進地域 1.8%
東南アジア 7.6%
南アジア 35.4%
東アジア 18.3%
サハラ以南アフリカ 27.7%

出典：FAO

飢えが原因で亡くなる人たち

世界中で、1分間に17人もの人が、飢えが原因で亡くなっています。そのうちの12人は子どもです。

出典：日本国際飢餓対策機構ホームページ

増え続ける世界の人口と食料不足

世界の人口の移り変わり(推計値)

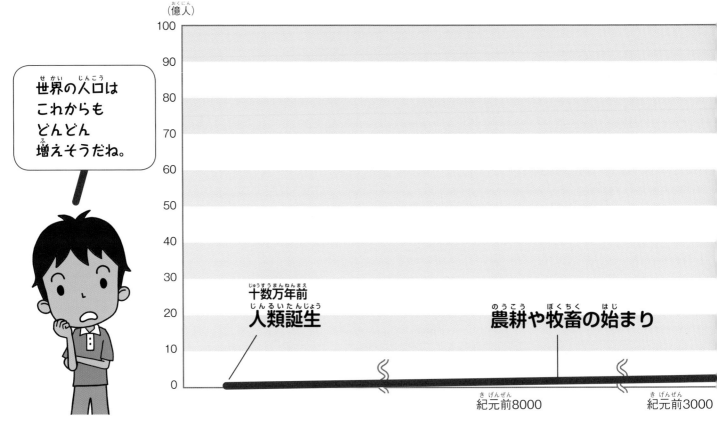

（億人）

世界の人口はこれからもどんどん増えそうだね。

十数万年前
人類誕生

農耕や牧畜の始まり

紀元前8000

紀元前3000

アジア、アフリカにかたよる人口

地域別の人口を見ると、アジアとアフリカが多いことがわかります。これらの地域の人口は、今後も増え続けると予測されています。

世界の地域別の人口 （2018年）

7億4300万人
ヨーロッパ

45億4500万人
アジア

12億8800万人
アフリカ

4100万人
オセアニア

3億6400万人
北アメリカ

6億5200万人
中央・南アメリカ

人口が増えたから食料が不足しているのかなあ。

出典『日本国勢図会』

人類の誕生から、農耕の始まりをへて、世界の人口はじょじょに増加していきました。
20世紀以降は、爆発的に増え、現在の人口は約77億人に達しています。
では、人口が増えたために食料が不足するようになったのでしょうか。
食料の生産量についても調べてみましょう。

世界人口が
急げきに増える！

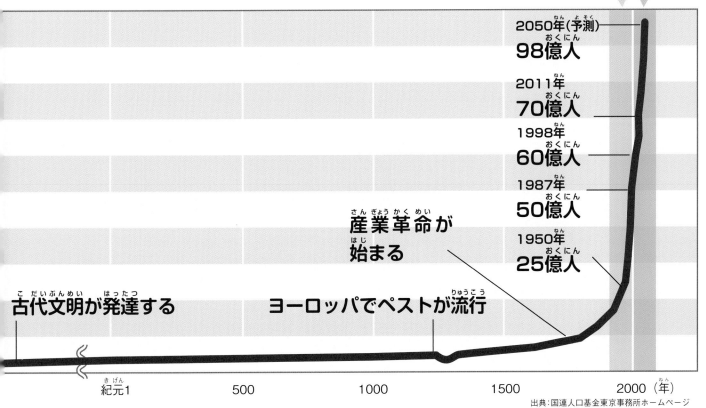

20世紀　21世紀

2050年(予測)
98億人

2011年
70億人

1998年
60億人

1987年
50億人

産業革命が
始まる

1950年
25億人

古代文明が発達する

ヨーロッパでペストが流行

紀元1　　500　　1000　　1500　　2000（年）

出典:国連人口基金東京事務所ホームページ

食料生産も増えている

人口の増加で、必要な食料（需要量）が増える一方で、生産量も増えています。耕作されている収穫面積はそれほど変わっていませんが、効率よく生産されるようになったため、生産量は増えています。

人口が増えたために飢えに苦しむ人が増えたとは言えないようです。

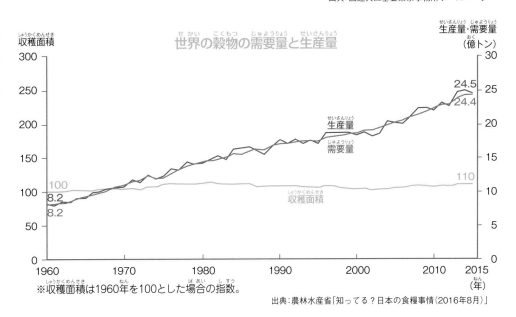

世界の穀物の需要量と生産量

収穫面積

生産量・需要量
（億トン）

生産量
需要量
24.5
24.4

100

8.2
8.2

収穫面積
110

1960　1970　1980　1990　2000　2010　2015（年）

※収穫面積は1960年を100とした場合の指数。

出典:農林水産省「知ってる？日本の食糧事情（2016年8月）」

飢えに苦しむ人がいる原因はなに？

穀物が牛などのえさになっている

世界全体で、食べる肉の量が増えています。そのため、生産された穀物のうち、牛やブタなどに食べさせる量が多くなり、反対に、人間が食べる穀物の量が減ることになります。

異常気象で生産量が変わりやすい

地球温暖化などによって異常気象が起こり、食料の生産量が変わりやすくなりました。雨の量が減って、生産量が下がってしまうといったこともあります。

紛争などのせいで食料生産ができない

世界のあちこちで、民族や宗教のちがいなどの理由で、紛争が起こっています。紛争が起きると、食料の生産ができず、耕地があれてしまうこともあります。そうなると、その地域の食料が不足することになります。

世界の人口が増えたために、食べるものがたりなくなったというわけではないようです。飢えに苦しむ人々が世界にたくさんいるのには、さまざまな理由があるのです。

仕事がなく、食料を買うお金がない

アフリカやアジアでは、仕事が少なく、働いてお金を手にすることが難しい人がたくさんいます。また、お金が手に入ってもわずかなので、じゅうぶんな量の食料を買うことができないことがあります。

穀物を生産する地域にかたよりがある

世界で、穀物を多く生産している地域はかたよっています。日本のように、国内の生産だけでまかなえない国は、海外からの輸入にたよらなければなりません。現在は船やトラックなどによる輸送方法が発達しているので、食料が先進国などに輸出しやすくなり、生産している国や地域では食料がたりなくなることがあります。

食品ロスも飢えの原因に!? ●●●●●●●●●●●●●

先進国に送られた食料の中には、食品ロスとして捨てられてしまうものもあります。食品ロスが増えれば、その分先進国が輸入する食料が増えることになります。

その結果、食料を生産している地域の食べ物がますます不足し、飢えにつながってしまうことになります。私たちの食品ロスが、飢えの原因のひとつになっているとも考えられるのです。

さまざまなことが、飢えにつながっているんだね。

たくさんの食料を輸入する日本

日本の食料自給率は37% ●●●●●●●●●●●●

国内で消費される食料のうち、国内の生産でまかなっている割合を、食料自給率といいます。日本の食料自給率は約37%で、ほかの国と比べても非常に低い割合です。

主な国の中で、いちばん低いんだね。

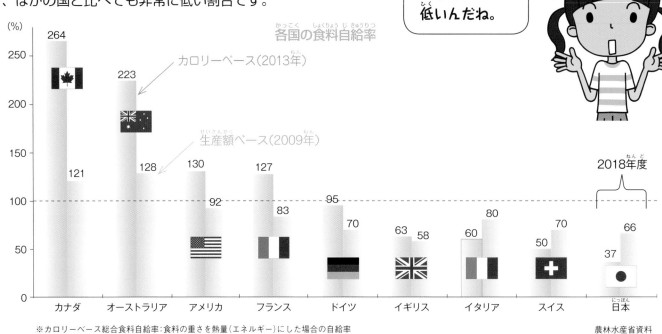

各国の食料自給率

カロリーベース（2013年）

生産額ベース（2009年）

2018年度

	カナダ	オーストラリア	アメリカ	フランス	ドイツ	イギリス	イタリア	スイス	日本
カロリーベース	264	223	130	127	95	63	60	50	37
生産額ベース	121	128	92	83	70	58	80	70	66

※カロリーベース総合食料自給率：食料の重さを熱量（エネルギー）にした場合の自給率
※生産額ベース総合食料自給率：食料の重さを金額にした場合の自給率

農林水産省資料

食品別の自給率は…

食品別の自給率を見ると、小麦、肉類、鶏卵などが低いことがわかります。日本人は伝統的に魚をよく食べてきましたが、自給率は約60%にとどまっています。

野菜類は長距離輸送が難しいため、比較的自給率の高い食品です。また、米は国の農業政策もあって、100%近い自給率です。

食品別の自給率（2018年度）

牛乳・乳製品、肉類、鶏卵は、家畜が食べる飼料の輸入分を考えた場合

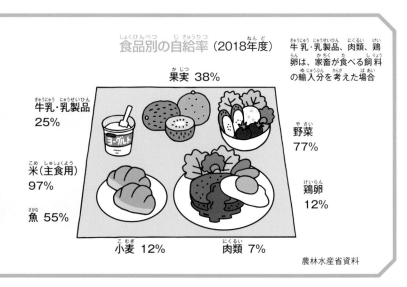

果実 38%
牛乳・乳製品 25%
野菜 77%
米（主食用）97%
鶏卵 12%
魚 55%
小麦 12%
肉類 7%

農林水産省資料

日本は、世界各地からたくさんの食料を輸入しています。日本で食べられている食料のうち、国内で生産している割合は、約37%しかありません。

食料自給率が低いのはなぜ？ ● ● ● ● ● ● ● ● ● ● ●

食生活が変化した

第二次世界大戦後、日本では、肉や卵、乳製品をよく食べるようになりました。また、油の消費量も増えました。牛やブタの飼料となる穀物や油の原料になるダイズや菜種は、日本ではあまり栽培していないため、その大部分を輸入にたよっています。

加工食品や外食店が増えた

冷凍食品などの加工食品が多くつくられるようになりました。また、ファミリーレストランなど、外食店が増えました。これらの産業では、品質が一定で、大量に安くしいれられる食品が求められます。しかし、国内の生産では、これに応じることが難しいので、海外からの輸入が増えました。

食料生産する人が減った

農業や水産業にたずさわる人が減ったことも原因のひとつです。仕事が大変な割りに収入が安定せず、天候などにも左右されることなどから、しだいに減っています。

食料自給率が低いとなにが問題なの？ ● ● ● ● ● ●

天候不良や紛争などのために、海外での生産量が減った場合に、国内の食料だけでまかなえなくなってしまいます。また、遠くから食料を輸送すれば、それだけエネルギーを使うことになります。

さらに、食料を生産する国内の農村が、輸入品におされて経済的におとろえることで、文化が損なわれてしまいます。

食べ物を捨てるために輸入している？

海外から食料をたくさん輸入する一方で、日本は食品ロスの多い国です。まるで、食品を捨てるために輸入しているようにも見えます。もったいない話です。

食品ロスが出るのはなぜ？

食品をつくる会社

大きさをそろえるために出る食品ロス

加工するときに、食べやすい大きさや、入れ物に入る大きさにするために、余分なところをカットすることで、捨てる部分が出ます。

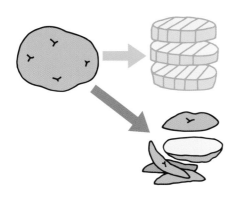

製造するときのミスで出る食品ロス

製造するときに、賞味期限などの表示をまちがえたり、型くずれなどがあると出荷できなくなってしまいます。

ビスケット
賞味期限
2021.13.10

飲食店

食べ残し

お客さんが食べ残した料理は、まったく手がつけられていないものでも捨てられます。

つくりすぎ

お客さんが来ることを見こんでつくっても、売れ残ったものは捨てられてしまいます。

どんどん捨てられてしまうんだね。

日本は海外から多くの食料を輸入しているのに、食品をつくる会社や工場、飲食店、食品を売る店、家庭から毎日たくさんの食品ロスが生まれています。それぞれの場所で、どのような理由で食品が捨てられているのか、調べてみましょう。

食品を売る店

家庭

売れ残った商品

売れ残り、賞味期限が短くなってしまった商品は、まだ食べられるものでも、売られなくなることがあります。

食べ残し

食べきれずに余った料理を捨ててしまうことがあります。

おなかいっぱい♥

売れなくなった商品

入れ物や箱がへこんだり、パッケージがやぶれたりした商品は、中身に問題がなくても売られなくなります。

カットしすぎ

野菜やくだものの皮を厚くむくなど、取り除きすぎた部分を捨てています。

そのまま捨てる

冷蔵庫に入れたまま忘れて、賞味期限切れになったものなどを、買ったときのまま捨ててしまいます。

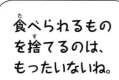

食べられるものを捨てるのは、もったいないね。

25

売る人、買う人の意識から生まれる食品ロス

売れなくてもたなをいっぱいに

行事の日には大量しいれを

食品を売る側と買う側、それぞれの人たちの立場や考え方によって、食品ロスが生まれる場合もあります。どんな立場や考え方が食品ロスにつながるのか、見てみましょう。

食べ物の賞味期限と食品ロスの関係は…

おいしく食べられる期限 ● ● ● ● ● ● ● ● ● ● ● ●

食品を適切に保存しておいた場合、いつまでおいしく食べられるかを示したものが賞味期限です。卵、調味料、レトルト食品、スナック菓子、カップめん、かんづめ、ペットボトル飲料など、比較的長期間保存できる食品につけられています。

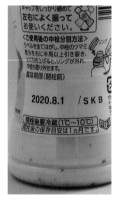

賞味期限は、ひとつの目安 ● ● ● ● ● ● ● ● ● ● ●

賞味期限は、おいしく食べられる目安です。期限をすぎたらもう食べられないというわけではありません。逆に、賞味期限内であっても、保存のしかたが適切でなければ、食べられなくなってしまうこともあります。

賞味期限の表示のない食品

野菜やくだものなどには、賞味期限の表示はありません。その理由は、保存のしかたで鮮度が変わるからです。買ってから日がたった野菜やくだものが食べられるかどうかは、色やにおい、手ざわりなどで、判断できます。また、アイスクリームには賞味期限の表示がありませんでしたが、一部の消費者の要請に応じて表示する会社も出てきています。

食料品をおいしく食べられる目安として、賞味期限が表示されているものがあります。賞味期限についてのルールと食品ロスには深い関係があります。

賞味期限のルールが、食品ロスの原因に ●●●●●●●

食品業界には、3分の1ルールという習慣があります。そのルール（習慣）が、食品ロスを生む原因のひとつになっています。

> **3分の1ルールとは…**
> ①賞味期限が6か月の食品の場合、製造日からその3分の1にあたる2か月以内に小売店に納品する。
> ②小売店では、賞味期限までの残り期間が3分の1（2か月前）になるまで店に置く。

賞味期限が6か月の食品での例

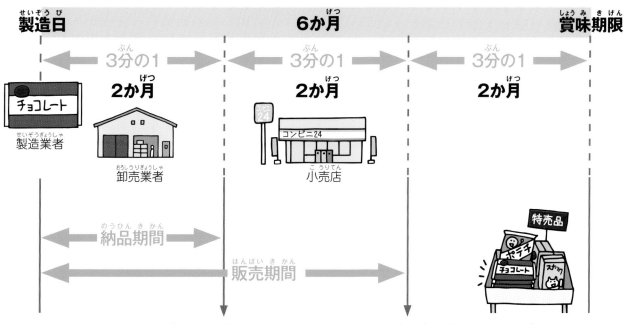

返品された商品は、食品ロスになってしまうね。

2か月以内に納品する。それをすぎていると、卸売業者は製造業者に返品する。

賞味期限の残り期間が2か月より短いと、小売店から卸売業者に返品される。または値引きか処分する。

3分の1ルールがある理由 ●●●●●

店では、賞味期限が近づいた食品は売れにくいと考え、なるべく賞味期限が長く残っている食品を置くようにしています。また、賞味期限が短い食品を置かないように、早めに店頭から下げます。

あと3か月は大じょうぶね

消費期限と食品ロスの関係は…

消費期限は、食べきりたい期限

　短い期間で傷みやすい食品には、消費期限が表示されています。賞味期限とちがって、消費期限をすぎた食品は、安全ではない場合があるので、食べないようにしたほうがよいでしょう。

消費期限が表示されている食品

　肉、魚、もやし、弁当、ケーキ、豆腐、パン、そうざいなどに消費期限が書かれています。これらの食品は、比較的短い時間で傷むことがあるため、安全に食べられる期限を示しているのです。

きちんと保存していることが条件

　消費期限は、開封せず、冷蔵庫などにきちんと保存しておいた場合に、安全に食べられる期限を示しています。常温の場所や、直射日光があたる場所、湿気の多い場所などでは、消費期限前でも傷むことがあるので気をつけましょう。

食品に表示されている消費期限は、その日までに食べきってしまいたい期限を表しています。肉や魚など、傷みやすい食べ物に表示されています。

食品ロスを出さないために ● ● ● ● ● ● ● ● ● ●

消費期限をチェック

食品を買うときに、消費期限をチェックして、それまでに食べられるかどうかを確認します。

できるだけ早く食べる

消費期限にかかわらず、なるべく早めに食べてしまえば、食品ロスになることを防ぐことができます。

消費期限はしっかりチェックしているよ。

冷凍して長持ちさせる

消費期限の表示がある食品で、期日までに食べきれそうにないときは、冷凍保存する方法もあります。ただし、冷凍保存しても、1か月くらいを目安に消費しましょう。

時刻まで表示されている消費期限

コンビニエンスストアの弁当やおにぎり、そうざいなどには、消費期限として、●月●日●時と、時刻まで表示されています。これらの食品は、それだけ傷みやすい食品なのです。

コンビニエンスストアでは、安全のために、消費期限の1〜2時間前にはレジを通らなくして、お客さんが買えないようにしてから回収し、処分しています。

みんなの考え方から生まれてしまう食品ロス

製造業者・卸売業者 → 小売店

安全のために、賞味期限は、少し短めに表示しておこう。

小売店からの注文にはすぐに対応したいので、もし余ることになっても、多めにつくっておこう。

期間内に納品できなかったものは、捨てることになってもしかたがない。

賞味期限の残りが短い商品は、店に置きたくない。

消費期限のすぎた商品を置いて、お客さんから苦情が来ると困る。

製造業者でつくられた食品は、卸売業者をへて、スーパーマーケットやコンビニエンスストアなどの小売店に輸送されます。賞味期限や消費期限についての、それぞれの考え方から食品ロスが生まれることもあります。

それぞれの考えはまちがっていないと思うけど…。

消費者

賞味期限が長いもののほうが、よく売れるだろう。

賞味期限が短い商品は、捨てることになってもしかたがない。

すぐ食べるつもりのものでも、できるだけ賞味期限が長いものを買いたい。

賞味期限や消費期限がとても気になる。

賞味期限を少しでもすぎた食品は食べたくない。

食品ロスになるとしても、消費期限の短いものは買いたくない。

店長

チェック！ きみは食品ロスを出していない？

チェック1

食事はなるべく残さないようにしている。

チェック2

食べ物を捨てると、悲しい気持ちになる。

チェック3

食べきれなさそうな分や、きらいなものは、はしをつける前にほかの人にあげる。

チェック4

食べきれなかった食品は、きちんと保存しておく。

チェック5

食事をするとき、食料を生産した人や、料理をつくってくれた人に感謝している。

チェック6

保存してあった食べ物は、忘れず食べる。

チェック7

外食するときは、食べられる分だけ注文する。

チェック8

買い物は必要なときだけ行く。

チェック9

買い物をするとき、決めたものしか買わない。

ここまで見てきたように、食品ロスは、食料が生産されてから食事をするまでの、さまざまな場所で生まれています。ここでは、ふだんのみなさんの生活の中で、食品ロスにつながるいくつかのチェックポイントを紹介します。それぞれに、「はい」か「いいえ」で答えてみましょう。

チェック10

買い物をするとき、見た目は気にしない。

チェック11

買い物をするとき、賞味期限の近いほうを選ぶ。

チェック12

消費期限と賞味期限のちがいを知っている。

「はい」の数はいくつ？

チェックしたら、「はい」の数を数えましょう。「はい」の数が少ない人は、ふだんの生活が食品ロスにつながっているかもしれないので、気をつけましょう。

「はい」が0〜2の人

食品ロスをとてもたくさん出しているかもしれない。生活を見直そう。

「はい」が3〜5の人

食品ロスをかなり出しているかもしれない。見直したほうがよいことがありそうだね。

「はい」が6〜8の人

食品ロスはあまり出していないようだ。もう少しで食品ロスをなくせそう。

「はい」が9〜12の人

食品ロスはまったくなさそうだ。この調子でがんばって。

食品ロスを知ろう！

食品ロスの量と原因 ●●●●●●●●●●●●●●

日本の食品ロスは、
1年で約643万トン

世界の食品ロスは、
1年で約13億トン

食料の3分の1が
捨てられている！

食品に関連した会社や店から

・見た目がよくない食品
・売れ残り
・つくりすぎ　など

家庭から

・食べ残し
・消費期限や賞味期限が切れ
　たもの　など

食品ロスの問題点 ●●●●●●●●●●●●●●

処分にお金がかかる

土地、水、エネルギーをむだにしている

ごみの処理に税金が使われる

1年で約2兆円
かかっている

地球温暖化の原因になる

メタン

地球環境を
こわす

世界の食料問題 ●●●●●●●●●●●●●●●●●●●

世界の人口は増えている

7億4300万人
ヨーロッパ

3億6400万人
北アメリカ

45億4500万人
アジア

12億8800万人
アフリカ

4100万人
オセアニア

6億5200万人
中央・南アメリカ

栄養不足の人が8億人もいる

食料ロスが飢えの原因に

食料は世界中へ。日本は食料の60%を輸入

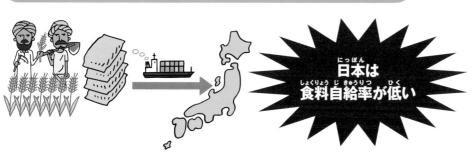

日本は
食料自給率が低い

賞味期限と消費期限 ●●●●●●●●●●●●●

賞味期限はおいしく食べるための目安

食品ロスの
原因でもある

消費期限は食べきる期限

どうしたら
食品ロスを
なくせるのかな。

2巻では、
食品ロスを
なくす取り組みを
調べましょう。

さくいん

① 食品ロスって
なんだろう?

監修　小林富雄

2003年、名古屋大学大学院生命農学研究科博士後期課程
修了。農学博士。民間シンクタンク(インダストリ・テク
ノロジ本部)などを経て、2009年、中京学院大学健康栄
養学科准教授。2015年、名古屋市立大学大学院経済学研
究科博士後期課程短期履修コース修了。経済学博士。
2017年、愛知工業大学経営学部経営学科教授。一般社団
法人サスティナブルフードチェーン協議会代表理事、ドギ
ーバッグ普及委員会会長。著書に『食品ロスの経済学』
(農林統計出版)など。

装幀・デザイン　高橋コウイチ(WF)

本文レイアウト　青木朗

編集協力　大悠社

イラスト　川下隆、ひろゆうこ

写真　金子写真事務所、PIXTA

2020年4月7日　第1刷発行
2022年2月10日　第4刷発行

監修者　小林富雄
発行者　小峰広一郎
発行所　株式会社 小峰書店
　　　　〒162-0066
　　　　東京都新宿区市谷台町4-15
　　　　電話　03-3357-3521
　　　　FAX　03-3357-1027
　　　　https://www.komineshoten.co.jp/

印刷・製本　株式会社 三秀舎

NDC588　39P　29×22cm
ISBN978-4-338-33601-7
©2020 Komineshoten Printed in Japan